Inhalt

Streit um Konjunkturhilfen - Deutschland kleckert, Frankreich klotzt

Kernthesen

Beitrag

Fallbeispiele

Weiterführende Literatur

Impressum

Streit um Konjunkturhilfen - Deutschland kleckert, Frankreich klotzt

R.Reuter

Kernthesen

- Frankreichs Staatspräsident Sarkozy will die europäische Konjunktur vor der Krise retten und verlangt von Deutschland mehr Engagement.
- Das deutsche Konjunkturpaket sieht er als zu klein bemessen an, beißt bei Kanzlerin Merkel aber weiterhin auf Granit.
- Die Zurückhaltung der Bundesregierung fußt auf der vergleichsweise stabilen Lage der deutschen Wirtschaft. Zudem will sie

das Ziel der Haushaltskonsolidierung auch in Zeiten der Krise nicht aus den Augen verlieren.

Beitrag

Staatliche Konjunkturprogramme stellen für einige Länder Europas derzeit die einzige Möglichkeit dar, einer tiefgreifenden Rezession zu entgehen. Die Bundesregierung sieht das anders und mahnt zur Besonnenheit.

Deutschland beschließt Konjunkturprogramm

Zwischen Deutschland und Frankreich ist ein Streit darüber entbrannt, wie stark die Regierungen der Wirtschaftskrise mit staatlichen Konjunkturprogrammen begegnen sollen. Das von der Bundesregierung kürzlich beschlossene Paket beläuft sich auf 31 Milliarden Euro. Größte Posten sind zusätzliche Verkehrsinvestitionen, großzügigere Abschreibungsregeln für Unternehmen und die Kfz-Steuerbefreiung für Neuwagenkäufer. Frankreich, das sich mit Konjunkturhilfen in Höhe von 26 Milliarden Euro gegen die Rezession stemmt, ist dies zu wenig. Da Deutschland der wichtigste Handelspartner des

Landes ist, verlangt Staatspräsident Nicolas Sarkozy von der Kanzlerin mehr Engagement bei der Bekämpfung der Krise. (1)

Kritik am Umfang des Pakets

Auch in Deutschland ist nicht jeder mit dem zurückhaltenden Kurs der Kanzlerin zufrieden. Es wird moniert, dass sich die tatsächlichen Mehrausgaben zur Ankurbelung der Konjunktur auf nur 4,1 Milliarden Euro statt der verkündeten 31 Milliarden Euro beliefen. So würden ohnehin geplante Ausgaben wie die Steuerfreistellung der Beiträge zur Kranken- und Pflegeversicherung, die Senkung des Beitragssatzes zur Arbeitslosenversicherung von 3,3 auf 2,8 Prozent des Bruttolohns und die Erhöhung des Kindergelds um zehn Euro nun dem Konjunkturpaket zugerechnet. Auch sind in den 31 Milliarden Euro Maßnahmen enthalten, die erst 2010 zum Tragen kommen womit es schwer fällt, die Ausgaben als Reaktion auf die akute Krise zu interpretieren. Insgesamt beläuft sich die Höhe der zusätzlichen Investitionen 2009 damit auf nur noch zehn Milliarden Euro. (1)

Bauvorhaben sollen vorgezogen werden

Dennoch sind in dem deutschen Paket auch solche Maßnahmen enthalten, die eigentlich erst später ergriffen werden sollten. So darf Bundesverkehrsminister Wolfgang Tiefensee eine Milliarde Euro mehr ausgeben als ursprünglich vorgesehen. Im Verkehrsministerium wird daher eifrig nach Bauvorhaben gesucht, die sich schnell in Angriff nehmen lassen. (1)

Bundesrat stimmt zu

Zunächst hatte es danach ausgesehen, dass das Konjunkturprogramm der Bundesregierung im Bundesrat scheitern werde. Anträge auf Anrufung des Vermittlungsausschusses hatten jedoch nicht die erforderliche Mehrheit gefunden. Das Paket wurde daher wie geplant verabschiedet. (8)

Rüttgers fordert umfangreichere Maßnahmen

Zufrieden mit dem Paket sind indessen auch die Länder nicht. Der nordrhein-westfälische Ministerpräsident Rüttgers hat die Bundesregierung aufgefordert, ein zweites Programm nachzuschießen. Das beschlossene Konjunkturprogramm hält er für nicht ausreichend. (8)

Frankreichs Wirtschaft mit Problemen

Dass Frankreichs Präsident die Bundesregierung dazu drängt, mehr gegen die Krise zu tun, liegt an der besonders schlechten Verfassung der französischen Wirtschaft. Für 2009 erwartet die Organisation für wirtschaftliche Zusammenarbeit und Entwicklung (OECD) einen Rückgang des Bruttoinlandsprodukts (BIP) um 0,4 Prozent. Ausfuhren und Investitionen werden der Prognose zufolge deutlich einbrechen und sich erst in der zweiten Jahreshälfte 2009 wieder erholen. Die Arbeitslosenquote, die Mitte dieses Jahres auf 7,2 Prozent gefallen war, wird in Frankreich laut OECD bis 2010 auf 8,7 Prozent zunehmen. (2)

OECD sieht Risiken

Auch die OECD beurteilt das französische Konjunkturprogramm zurückhaltend. Sarkozys Paket, das staatliche Infrastrukturmaßnahmen genauso vorsieht wie zinsfreie Konsumkredite, wird die Neuverschuldung Frankreichs um 20 Milliarden Euro in die Höhe treiben. Da Konjunkturprogramme erst mit Verzögerung wirken, bestehe zudem die Gefahr, dass die Maßnahmen erst bei einer Wirtschaftserholung und damit prozyklisch wirkten. Auch ohne das Konjunkturprogramm beträgt die französische Haushaltsverschuldung heute schon über 70 Prozent des Bruttoinlandsprodukts. (2)

Pakete sind nur schwer vergleichbar

Wie sehr sich Sarkozy in die Enge getrieben fühlt, zeigt seine Wortwahl: Der Staatspräsident sagte, er habe angesichts der Konjunkturdaten keine andere Wahl, als zu handeln. Nicht ganz eindeutig ist allerdings, ob das deutsche Konjunkturpaket gegenüber dem französischen Programm tatsächlich zu klein ausfällt. Alleine 11,1 Milliarden des 26-Milliarden-Euro-Programms Frankreichs entfallen auf Steuerschulden, die ohnehin innerhalb der nächsten drei Jahre zurückgezahlt werden müssen. Viele Maßnahmen lassen sich gar nicht miteinander vergleichen, und in mancher Hinsicht ist das deutsche Programm sogar beträchtlich größer ausgefallen als die französische Initiative. (3)

Auch Großbritannien leidet

Hohe Wellen hat das Treffen zwischen Sarkozy, EU-Kommissionschef José Manuel Barroso und dem englischen Premier Gordon Brown geschlagen, zu dem die Bundeskanzlerin nicht eingeladen wurde. Spekuliert wurde darüber, ob diese Geste dazu gedacht war, die Unzufriedenheit mit der deutschen Konjunkturpolitik zum Ausdruck zu bringen was aber verneint wurde.

Verwunderlich wäre dies aber nicht: Auch Großbritannien ist von der aktuellen Krise weit stärker betroffen als die deutsche Wirtschaft. Das Königreich ist als einer der ersten EU-Staaten real von einer Wirtschaftskrise getroffen. Von Juli bis September schrumpfte das Bruttoinlandsprodukt gegenüber dem Vorquartal um 0,5 Prozent. Regierung und Unternehmensverbände sprechen vom schlimmsten Konjunktureinbruch seit 1991, was sich auch an den Arbeitslosenzahlen ablesen lässt: Die Quote stieg von 5,4 Prozent auf 5,8 Prozent. Die Zeiten, in denen Großbritannien als

Konjunkturlokomotive der EU galt, sind damit erst einmal vorbei. (9)

Gespanntes Verhältnis

Damit sind Frankreich und England von der aktuellen Krise stärker betroffen als Deutschland. Die beiden Länder reagieren daher ungeduldig auf die deutsche Zurückhaltung bei der Ankurbelung der Wirtschaft und sehen die Bundesregierung als Bremser eines notwendigen Maßnahmenpakets. Insbesondere zwischen Kanzlerin Merkel und Staatspräsident Sarkozy ist das Verhältnis seitdem sehr gespannt. Was die Kanzlerin augenscheinlich stört, ist der Führungsanspruch, den Sarkozy in der Krise für Frankreich reklamiert. Den bekam auch die EU-Kommission zu spüren: Ihr Beschluss, die EU-Wirtschaft mit 200 Milliarden Euro zu unterstützen, war Sarkozy zu wenig. In mehreren Telefonaten drängte er Barroso dazu, die Summe zu erhöhen, doch hielt Merkel eisern dagegen. (4)

Merkel bleibt auf ihrer Linie

Die Bundeskanzlerin lässt sich von Frankreichs

Forderungen nicht anfechten und verteidigt weiter das deutsche Paket. Zudem rief sie die europäischen Politiker dazu auf, auch angesichts der einbrechenden Konjunktur besonnen zu bleiben. Die deutschen Konjunkturhilfen seien mit 31 Milliarden Euro das zweitgrößte Maßnahmenpaket in der Europäischen Union, womit Deutschland seiner Verantwortung gerecht werde. Mit ihrer Meinung ist die Kanzlerin in Europa nicht alleine: Die Regierungen in Den Haag, Wien, Warschau und in den skandinavischen Staaten teilen Merkels Vorsicht und unterstützen ihren Kurs. (3), (4)

Ziel der Haushaltskonsolidierung soll nicht aufgegeben werden

Dennoch fragen sich viele, warum die Kanzlerin stur bleibt. Nicht nur Frankreich, Großbritannien und die EU-Kommission hat sie derzeit gegen sich, sondern auch den Sachverständigenrat und einen Großteil der Medien. Gemutmaßt wird, dass es ihr nicht einleuchtet, eine Krise, die durch Schuldenmacherei entstanden ist, durch weitere Schulden bekämpfen zu können. Unzweifelhaft ist, dass die Bundesregierung ihre Ziele zur Konsolidierung des Staatshaushalts nicht durch Konjunkturprogramme gefährden will, deren Nutzen auch bei vielen Ökonomen in Zweifel stehen. (6)

Übereinstimmung mit dem Finanzminister

Mit Bundesfinanzminister Peer Steinbrück befindet sich Merkel damit ganz auf einer Linie. Auch Steinbrück glaubt nicht an Konjunkturprogramme als Allheilmittel zur Wirtschaftsförderung. Das deutsche Programm in Höhe von 31 Milliarden Euro sei eine kraftvolle Antwort. Zudem habe es weiter einen Wert, die Staatshaushalte erfolgreich zu konsolidieren. (7)

Fallbeispiele

Europäische Zentralbank (EZB) senkt Leitzinsen

Die EZB stemmt sich gegen die Wirtschaftskrise und hat dafür die Leitzinsen so stark gesenkt wie nie zuvor in ihrer zehnjährigen Geschichte. Die

Notenbank senkte den Leitzins um 0,75 Prozentpunkte auf 2,5 Prozent. Für 2009 erwarten die Notenbanker einen Rückgang der Wirtschaftsentwicklung um 0,5 Prozent. Noch vor drei Monaten waren sie von einem Wirtschaftswachstum in Höhe von 1,2 Prozent ausgegangen. (5)

Weiterführende Literatur

(1) Gefühlte Milliarden
aus Süddeutsche Zeitung, 05.12.2008, Ausgabe Deutschland, Bayern, München, S. 5

(2) Weltwirtschaft. Den Galliern drohen harte Zeiten
aus WirtschaftsWoche NR. 049 VOM 01.12.2008 SEITE 048

(3) Sarkozy verteilt Geld, Merkel zögert
aus Süddeutsche Zeitung, 05.12.2008, Ausgabe Bayern, Deutschland, S. 1

(4) Frankreich will Deutschland zu mehr Konjunkturhilfen drängen Merkel wartet ab - Brown trifft Sarkozy
aus DIE WELT, 06.12.2008, Nr. 287, S. 2

(5) Historische Zinssenkung in Europa
aus Stuttgarter Zeitung, 05.12.2008, S. 1

(6) Mutwillig

aus Die ZEIT Nr. 50 vom 04.12.2008 Seite 001

(7) "Ich gehorche der Vernunft"
aus Der Spiegel, 01.12.2008, Nr. 49, Seite 37

(8) Ministerpräsidenten kommen Merkel zu Hilfe
aus Frankfurter Allgemeine Zeitung, 06.12.2008, Nr. 286, S. 1

(9) Harte Zeiten für die Untertanen
aus Süddeutsche Zeitung, 06.12.2008, Ausgabe Deutschland, Bayern, München, S. 26

(10) Prognosen für Euroland rauschen nach unten
Volkswirte rechnen im Konsens mit einem Schrumpfen des BIP 2009 - Dienstleister stärker unter Druck
aus Börsen-Zeitung, 04.12.2008, Nummer 235, Seite 7

Impressum

Streit um Konjunkturhilfen - Deutschland kleckert, Frankreich klotzt

Bibliografische Information der deutschen Nationalbibliothek

Die Deutsche Nationalbibliothek verzeichnet diese Publikation in der deutschen Nationalbibliografie; detaillierte bibliografische Daten sind im Internet über http://dnb.d-nb.de abrufbar.

ISBN: 978-3-7379-1647-9

© 2015 GBI-Genios Deutsche Wirtschaftsdatenbank GmbH, Freischützstraße 96, 81927 München, www.genios.de

Alle Rechte vorbehalten. Dieses Werk ist einschließlich aller seiner Teile – z.B. Texte, Tabellen und Grafiken - urheberrechtlich geschützt. Jede Verwertung außerhalb der Grenzen des Urheberrechtsgesetzes bedarf der vorherigen Zustimmung des Verlags. Dies gilt insbesondere auch für auszugsweise Nachdrucke, fotomechanische

Vervielfältigungen (Fotokopie/Mikroskopie), Übersetzungen, Auswertungen durch Datenbanken oder ähnliche Einrichtungen und die Einspeicherung und Verarbeitung in elektronischen Systemen.